Ratgeberecke

Nicht mit mir –
Mobbing & sexuelle
Belästigung

Anzeichen, Strategien, Tipps

Andrea Meiling

Bibliografische Information der Deutschen Nationalbibliothek
Die Deutsche Nationalbibliothek verzeichnet diese Publikation in der
Deutschen Nationalbibliografie; detaillierte bibliografische Daten sind im
Internet über http://dnb.d-nb.de abrufbar.

1. Auflage © **2009 Verlag4you**
Autoren: Meiling, Andrea
Buchblock u. Korrektur: S. Ehrentraut
Herstellung und Verlag: Books on Demand GmbH,
Norderstedt
ISBN 9783837017113

Ein heikles Thema: Sexuelle Belästigung und Mobbing

Das ist ein sehr sensibles Thema, was gerne tot geschwiegen wird. Doch es ist eine Tatsache, dass über zwei Drittel aller Frauen und in den letzten Jahren auch zunehmend Männer mindestens einmal sexueller Belästigung oder Mobbing im Beruf ausgesetzt waren. In der Ausbildung liegen diese Zahlen sogar noch höher. Ebenso schlimm sieht die sexuelle Belästigung im Internet aus, fast jedes zweite Kind zwischen 10 und 19 Jahren wurde in Kinderchaträumen sexuell angemacht (Quelle: http://www.focus.de/schule/familie/erziehung/tid-7074/sexuelle-belaestigung-im-chat_aid_69281.html).

Eine ganz schön traurige Bilanz, darum haben wir uns entschlossen, dieses Tabu- Thema in diesem Buch aufzugreifen und dir Tipps zu geben, woran du sexuelle Belästigung und Mobbing erkennen kannst und wie du damit umgehen solltest. Speziell zur Cybersex- Belästigung im Internet haben wir ein umfangreiches Kapitel gewidmet, denn hier werden die Gefahren immer noch unterschätzt.

Mancher unserer Tipps werden dich zum Schmunzeln bringen, denn viele Belästigungen kannst du schon im Vorfeld begegnen, wenn du jemanden mal den Spiegel vorhältst und ihm zeigst, wie es ist, Opfer zu sein. Andere Strategien gegen Mobbing sind unkonventionell, aber eben wirksam.

Doch oft bist du auch nur unsicher, du fragst dich, werde ich gemobbt oder hat mein Gegenüber einfach nur einen schlechten Tag? Wir werden dir zeigen, worin dieser feine Unterschied besteht. Ein Fragebogen erleichtert dir, Anzeichen für Mobbing oder sexuelle Belästigung richtig zu erkennen.

Wo liegt ein eigentlich der Unterschied zwischen sexueller Belästigung und Mobbing?
Und wie kann ich mich konkret wehren?
Sollte ich sofort eine Belästigung zur Anzeige bringen?

Auch diese Fragen beantworten dir ausführlich und geben dir Adressen wie auch aktuelle Urteile, die für dich hilfreich sein könnten. Kleine Übungen zur Stärkung deines Selbstbewusstseins findest du am Ende des Buchs.

Dieses Buch ist nicht allein für Mobbingopfer gedacht, sondern auch für alle, die es im Umfeld betrifft. So können Manager, Eltern, Freunde, Lehrer und Kollegen wertvolle Tipps zu Verhaltensweisen bei Mobbing und sexueller Belästigung erhalten.

Wir hoffen, dir hilft das Buch weiter und du kannst unsere Tipps vorteilhaft anwenden.

Andrea Meiling

Mai 2009

Unterschied zwischen sexuelle Belästigung und Mobbing

Der Unterschied ist hauchdünn und meistens geht eine Mobbingsituation in eine sexuelle Belästigung über.

Eine sexuelle Belästigung ist alles, was dein Schamgefühl verletzt und was bei dir als „sexuell belästigt" ankommt.

Angenommen du hast einen großen Busen. Der kann ja schon für dich so belastend sein (Rückenschmerzen etc.), aber wenn du dann noch dumme Bemerkungen ertragen musst, dann ist das verletzend. Wir haben ein paar Sprüche zusammen getragen wie:

> ➢ „Geile Titten"
> ➢ „Mann, hast du ein Paar Ohren!"
> ➢ „Du hast ja einen Atombusen!"
> ➢ „Lass mich an deinem Busen rasten wie die Sau am Futterkasten."
> ➢ „Kann ich mit deinen Teilen Ping Pong spielen?"
> ➢ „Trägst du auch eine Melkmaschine mit dir rum? Ich helfe dir beim Melken."
> ➢ „Bei deiner Schönheits- OP wurde ein Fehler gemacht. Dir haben sie das Euter einer Kuh implantiert. Sieht geil aus. Ich melde mich schon mal zum Melken an."
> ➢ „Du brauchst keinen Schmuck, du hast ja zwei Gehänge."

> „Bei einem Autounfall bist du ja fein raus, du
> trägst immer zwei Airbags mit dir rum."

An Hand dieser Beispiele siehst du, dass dies dann
kränkend für dich und der Beginn einer sexuellen
Belästigung sind.

Mobbing dagegen beginnt schleichender und ist
nicht so direkt. Wenn du genau hinschaust, wirst du
sehen, dass oft der sexuellen Belästigung eine
Mobbingsituation voran geht.

**Mobbing ist das Ausgrenzen deiner Person, sei
es durch Verleumdung (am häufigsten),
Nichtbeachtung, Abwertung der Leistung,
ungerechte Aufgabenverteilung,
Lächerlichmachen, unberechtigte Kritik,
Drohungen und Benachteiligung.** Das klingt
heftig und wird dir sicher schon begegnet sein, doch
nur wenn mehrere Anzeichen zusammentreffen,
dann hast du es mit Mobbing zu tun.

Zusammenfassend und verallgemeinernd können
wir dir sagen, der Ton macht hier die Musik. Ist also
die Stimmung in einer Gruppe (Mobber fühlen sich
nur in Gruppen stark) grundsätzlich und fortgesetzt
feindselig dir gegenüber, dann dürftest du es mit
einer Mobbingsituation zu tun haben. Doch darauf
gehen wir im nächsten Abschnitt ein.

Mobbing – gemein und versteckt

Schauen wir uns nun das **Mobbing** genauer an.

Mobbing beginnt verdeckt und schleichend.

Besonders betroffen sind Auszubildende oder neue Kollegen. Diese Personengruppen sind meist unsicher, wie sie sich verhalten sollen. Da ist einerseits der Respekt vor dem erfahrenen Kollegen oder den Kolleginnen, andrerseits will man nicht gleich Ärger verursachen als Neue/r oder Lehrling.

Doch auch schon in der Schule kann es zu Mobbingsituationen kommen. Hier sind besonders die Lehrer und Eltern angesprochen. In der Pubertät ist Mobbing so ziemlich das Schlimmste, was einem Jugendlichen passieren kann. Die Ausgrenzung aus der Gruppe ist nur schwer zu verkraften, besonders für Kinder mit mangelndem Selbstbewusstsein. So ist es nicht verwunderlich, wenn die Zahlen für Selbstmord wegen Mobbing steigend sind.

Mobbing kann dir überall begegnen:

> ➢ in der Schule
> ➢ unter Nachbarn
> ➢ in Familien
> ➢ am Arbeitsplatz

Sehen wir uns als nächstes die allgemeinen Ursachen und Anzeichen von Mobbing an.

Allgemeine Ursachen und Anzeichen

Eins gleich zu Anfang. Nicht immer hast du es mit Mobbing zu tun. Da Mobbing ein schleichender Prozess ist, sind die Unterscheidungskriterien schwierig zu erkennen. Das Schlimme ist, dass so mancher Spruch zu Anfang gar nicht als Mobbing sichtbar wird. Damit du keinen Verfolgungswahn entwickelst, hier ein Tipp.

Tipp: **Werte nicht alles als Mobbing**, manchmal kann eine Bemerkung aus einem schlechten Tag heraus geboren werden. Das heißt, wir sind alle nur Menschen und haben mal einen schlechten Tag und dann kann es passieren, dass wir etwas sagen, was uns am nächsten Tag leid tut. Das soll nicht so ein Verhalten entschuldigen, aber Verständnis für eine gestresste junge Mutter oder Vater schaffen, wo das Baby grade die Zähne bekommt und an Schlaf nicht zu denken ist. Fühlst du dich durch eine Bemerkung verletzt, dann warte ab, ob man sich am nächsten Tag bei dir **entschuldigt**. Hören die Beleidigungen nicht auf, dann solltest du dir überlegen, wie du dich verhalten willst. Manchmal hilft eine **detaillierte Aufzeichnung der Zwischenfälle**, um dir selbst darüber klar zu werden, ob du es mit Mobbing oder einem permanent schlecht gelaunten Zeitgenossen zu tun hast. Notfalls kannst du der Person deine Liste unter die Nase halten und konkret fragen, was das soll. Ändert sich dann immer noch nichts, dann hast du es mit Mobbing zu tun.

Ursachen

Wenden wir uns erst einmal den **Ursachen** von Mobbing zu, damit du verstehst, wieso Menschen überhaupt mobben.

Ursachen von der <u>Seite des Mobbers</u> aus:

> ➢ **weil sie Angst vor Veränderungen haben,**

> ➢ **oder weil sie neidisch sind,**

> ➢ **sie fürchten Konkurrenz,**

> ➢ **sie suchen und brauchen einen Sündenbock oder Blitzableiter**

> ➢ **weil sie nicht Fehler zugeben können und dementsprechend nicht kritisiert werden wollen.**

> ➢ **Wenn sie jemanden nicht leiden können.**

> ➢ **Wenn sie Angst vor Status- oder Arbeitsplatzverlust haben,**

> ➢ **Rachegefühle gegenüber dem Mobbingopfer**

Doch so einseitig kannst du nicht die Ursachen sehen. Du musst dich auch mit den Ursachen bei dir selbst beschäftigen, warum jemand dich als Mobbingopfer aussucht.

Ursachen von der Seite des Mobbingopfers aus:

> **geringes (selten übersteigertes) Selbstbewusstsein – häufig!!**

> **soziale Benachteiligung (z. B. als Behinderte/r, Hartz IV- Empfänger usw.)**

> **geringe Fähigkeit, Konflikte offen und sachlich zu lösen**

> **geringe Sozialkompetenz**

> **Neigung, sich leicht angegriffen oder gekränkt zu fühlen**

Aber auch durch mangelnde Organisation oder Führungsqualitäten können Ursachen für Mobbing entstehen.

Organisatorische Ursachen für Mobbing:

> **Unzureichende Abgrenzung von Zuständigkeiten bzw. Aufgaben**

> **Defizite im Führungsverhalten**

> **Hoher Leistungs- und Konkurrenzdruck (häufig)**

10

- ➢ **Umstrukturierungen**

- ➢ **Unbesetzte Stellen**

- ➢ **Unzureichendes Konfliktmanagement**

Betrachtest du eine Mobbingsituation objektiv und sachlich, wirst du feststellen, dass **mehrere Ursachen zusammen eine Mobbingsituation erst möglich machen.**

Anzeichen

Häufig ist es einfach schwierig, eine Situation als Mobbing zu erkennen, weil alle **Vorgänge viel subtiler und weniger offensichtlich ablaufen**. So kannst du **zwischen indirekten und direkten Anzeichen des Mobbings** unterscheiden. In dem Anfangsstadium des Mobbings wirst du zu 98 % auf indirekte Anzeichen treffen.

Hier einige Beispiele, wie sich **Mobbing indirekt** äußern kann:

- ➢ Es wird hinter deinem Rücken **schlecht über dich gesprochen**. (Das kommt als häufigste Form des Mobben vor.)

- ➢ **Verleumdungen und Denunzierungen** gegenüber deinem Arbeitgeber bzw. gegenüber Behörden (meistens geschieht das anonym und ist deshalb schwer nachzuweisen. Aber hier geht es dem

Mobber nur nach dem Motto; Wenn man mit Dreck wirft, bleibt garantiert etwas hängen.)

➤ Du bemerkst **abwertende Blicke oder Gesten**. (z. B. Hinter deinem Rücken zeigt jemand zu dir einen Vogel und die anderen Kollegen beginnen laut zu lachen.)

➤ **Gespräche verstummen**, sobald du den Raum betrittst. Passiert dir das mehrmals, dann hast du entweder ein schlechtes Timing (normale Gesprächspausen) oder man ist grade über dich hergezogen.

➤ **Kontaktverweigerung** ist auch ein Ausdruck des Mobbings, zum Beispiel, wenn man dich wie Luft behandelt oder du grüßt jemanden und dieser grüßt nicht zurück (ehe du hier von Mobbing ausgehst, vergewissere dich, dass der andere nicht schwerhörig ist.)

➤ **Gerüchte werden verbreitet**, die jeder Grundlage entbehren, besonders schlimm, wenn man dir irgendwelche psychischen Schwierigkeiten oder Abhängigkeiten unterstellt.

➤ **Falsche oder kränkende Beurteilung deiner Arbeitsleistung** sind ebenfalls Mobbing, wie Kritik an deiner Arbeit beispielsweise durch abwertende Bemerkungen.

➢ Deine **Äußerungsmöglichkeiten werden ständig eingeschränkt**. Das heißt, du darfst nicht ausreden oder erklären, man fällt dir einfach ins Wort. (Das zeugt von einer schlechten Kinderstube des Mobbers, was ihn aber sicher nicht hindert, das weiter zu tun, es sei denn, du weist ihn vor anderen darauf hin.)

➢ Mobbing ist auch das **Zuteilen sinnloser Aufgaben**. (wie Kaffee kochen, Abwaschen etc., wenn du beispielsweise als Volontär arbeitest).

➢ Oder du erhältst **keine Arbeitsaufgaben**. Du stehst oder sitzt quasi herum und überall werden die Aufgaben verteilt, doch dich übergeht man einfach, als wärst du Luft.

➢ **Deine Arbeit wird manipuliert bzw. vernichtet**. (z. B. deine Präsentation ist auf einmal verschwunden, ausgetauscht oder verstümmelt.)

➢ **Kollegen machen Andeutungen, die du nicht verstehst,** (mit Absicht wird sich über etwas unterhalten, wovon du keine Ahnung hast und das mehrfach. Man schließt dich also mit Absicht aus dem Gespräch aus.)

➢ Wirst du **mit Absicht lächerlich** gemacht, dann ist das auch eine Form von Mobbing. Beispiel: Man bietet dir höflich einen Stuhl an

13

und du setzt dich ohne es zu wissen auf
einen nassen Schwamm.

➢ **Dein Gang, deine Stimme, deine Gesten,
dein Lachen oder deine Art zu Sprechen**
wird nachgeäfft.

➢ Dir wird **das Ansprechen des Kollegen
verboten**, der dich mobbt. Tust du es
trotzdem, schalten Mobber auf Durchzug und
reagieren nicht auf dich. (z. B. dir wird gesagt:
„Reden Sie mich nicht an! Mit Leuten wie
Ihnen spreche ich nicht, das ist unter meinem
Niveau." Auf welchem Niveau der Mobber
sich bewegt, ist dann kaum eine Frage.)

Es gibt aber auch **direkte Formen des Mobbings:**

➢ **wie mündliche Drohungen,**

➢ **offene Kritik an deinem Privatleben oder
deiner politischen Einstellung**.

➢ Doch auch **Androhung körperlicher Gewalt
oder tatsächliche Übergriffe** zählen zu den
direkten Anzeichen von Mobbing.

➢ **Sexuelle Belästigung** ist ebenfalls eine
Form des direkten Mobbings.

➢ **Telefonterror**

➢ **Lustig machen über deine Behinderung**
(man glaubt es nicht, aber das ist gar nicht

mal so selten, dass Behinderte immer noch diskriminiert werden.)

➢ **Finanzielle Schädigungen** kommen nicht so häufig vor, denn diese lassen sich zurück verfolgen und dann könnte sich das zu einem Bumerang entwickeln. Doch in so manchem Nachbarschaftsstreit schlagen die Wogen so hoch, dass ein Nachbar schnell mal einen Bulldozer nimmt und deine Garage einreißt, weil sie ihm die Sicht auf eine Bundesstrasse verwehrt.

Betrachtest du das alles genau, dann mag es dir vorkommen, als würdest du überall gemobbt. Damit du keinen Verfolgungswahn entwickelst, haben wir einen sehr guten **Test** gefunden, mit dem du die Wahrscheinlichkeit, dass du gemobbt wirst, schnell heraus finden kannst.

Mobbing- Test

(Quelle: www.palverlag.de erweitert durch die Autorin für mehr Genauigkeit)

Dieser eignet sich nicht nur für dich als Mobbingopfer, sondern auch, wenn du die Vermutung hast, dass dein Kind, dein/e Partner/in oder ein/e Freund/in, Bekannte/r durch Mobbing betroffen ist.

Kreuze an, wenn ein Punkt mindestens dreimal pro Woche auf dich zutrifft. Dabei gehst du von einem Zeitraum von mindestens 3 bis 12 Monate aus.

Je mehr Punkte auf dich zutreffen, umso höher die Wahrscheinlichkeit, dass du einer Mobbingsituation ausgesetzt bist.

Dabei haben wir den Test in indirekte und direkte Mobbingsituationen geteilt. (Grade bei indirekten Mobbingattacken kannst du dir nicht sicher sein, ob du da nicht etwas zu empfindlich bist und dir solch eine Situation einbildest. Um das auszuschließen, haben wir den Test etwas verfeinert und um einige Punkte erweitert.)

Treffen beispielsweise 4 indirekte und zwei direkte Situationen auf dich zu, so liegt eine sehr wahrscheinliche Mobbingsituation vor und du solltest dir überlegen, wie du dagegen vorgehen willst. Aber sehen wir uns den Test genauer an:

16

Indirektes Mobbing (Teil 1)

- ○ Hinter deinem Rücken wird schlecht über dich gesprochen.

- ○ Man bringt Gerüchte über dich in Umlauf, die nicht stimmen.

- ○ Man unterstellt dir, nicht normal oder psychisch krank zu sein.

- ○ Man äfft dich nach, deinen Gang, deine Gesten, deine Stimme oder dein Lachen.

- ○ Man macht Andeutungen, die du nicht verstehst.

- ○ Man begegnet dir mit abwertenden Blicken oder Gesten.

- ○ Man verstummt, wenn du einen Raum betrittst und man spricht nicht mit dir.

- ○ Die übertragenen Aufgaben unter- oder überfordern dich.

- ○ Du bekommst keine Aufgaben oder ständig neue bzw. sinnlose Aufgaben übertragen.

- ○ Man gibt dir Arbeiten, die deiner Gesundheit schaden können.

- ○ Deine Entscheidungen werden in Frage gestellt.

- ○ Man unterstellt dir psychisch krank oder nicht normal zu sein.

○ Deine Arbeit wird manipuliert durch Kleinigkeiten wie Austausch deines Passwortes, Verkleben deiner Spindtür, Verlegen wichtiger Unterlagen oder Arbeitsmaterialien

○ Kontaktverweigerungen, man ignoriert dich.

Direktes Mobbing (Teil 2)

○ Man ignoriert dich, auch wenn du jemanden direkt ansprichst.

○ Man wendet körperliche Gewalt gegen dich an, wie Rempeleien, Wegstoßen.

○ Du wirst sexuell belästigt.

○ Man droht dir körperliche Gewalt an.

○ Du wirst vor deinen Kollegen lächerlich gemacht.

○ Es werden entwürdigende Schimpfworte gegen dich verwendet.

○ Dein Arbeitsplatz wird so verlegt, dass du keinen Kontakt zu deinen Kollegen hast bzw. die Ausführung deiner Arbeitsaufgabe zusätzlich erschwert wird.

○ Du wirst mit Telefonterror belästigt.

○ Deine Arbeit wird ständig und ungerechtfertigt kritisiert.

- ○ Deine Möglichkeiten, dich frei zu äußern, werden stark eingeschränkt.

- ○ Wenn du etwas sagst, wirst du oft oder ständig unterbrochen.

- ○ Deine Leistung wird herabgesetzt oder falsch und kränkend (vor anderen) beurteilt.

- ○ Du wirst angeschrieen und kritisiert, obwohl du es deiner Meinung nach nicht verdient hast.

- ○ Du wirst wegen deiner politischen und / oder religiösen Überzeugung angegriffen.

- ○ Du wirst wegen einer Behinderung lächerlich gemacht.

- ○ Man schädigt dich, indem man deine Arbeitsmaterialien entwendet oder zerstört.

- ○ Du wurdest bei deinem Chef oder bei Ämtern denunziert.

- ○ Du hast finanzielle Einbußen durch das Mobbing.

Hast du vier mindestens 4 Punkte bei Teil 1 des Testes angestrichen oder einen Punkt bei Teil 2, dann empfehlen wir dir dringend den gesundheitlichen Zusatztest auch auszufüllen.

Gesundheitlicher Zusatztest

- ○ Du fühlst dich unwohl, wenn du auf Arbeit/ in die Schule gehen musst.
- ○ Du fühlst dich unsicher gegenüber dem Mobber und weichst ihm lieber aus.
- ○ Du fühlst dich hilflos und wehrlos.
- ○ Du bist nervös.
- ○ Du hast kaum noch Selbstbewusstsein oder Selbstwertgefühl.
- ○ Du möchtest lieber zu Hause bleiben.
- ○ Du hast schon Krankheiten vorgeschoben, um der Situation auszuweichen.
- ○ Du warst schon beim Arzt und musstest krank geschrieben werden, weil du gesundheitliche Störungen durch das Mobbing hast (Magen- Darm- Erkrankungen, Schlafstörungen, Nervenzusammenbruch, Rücken- und Nackenschmerzen, Kopfschmerzen, Herzklopfen, Atemnot).
- ○ Du leidest unter Schlafstörungen, Verspannungen im Nacken, Rücken.
- ○ Du hast Kopfschmerzattacken.
- ○ Du leidest unter vermehrten Magen- Darm- Erkrankungen.

○ Bist du in einer Mobbingsituation, bekommst du Herzklopfen oder Herzschmerzen bzw. Atemnot.

○ Du trinkst Alkohol oder nimmst Medikamente ein, um besser einschlafen zu können.

○ Du hattest einen Nervenzusammenbruch.

○ Dir unterlaufen immer mehr Fehler bei deiner Arbeit bzw. in deiner Arbeitsaufgabe.

○ Du hast Konzentrationsstörungen.

○ Du nimmst Alkohol oder Medikamente (auch pflanzliche Mittel wie Baldrian) zu dir, um nicht mehr an die Situation zu denken oder ihr zu entfliehen.

○ Du hattest schon Selbstmordgedanken, wenn du an die Situation auf Arbeit / in der Schule denkst.

○ Du hast dieses Buch gekauft.

Auswertung

Je mehr Punkte du ankreuzen musstest, umso höher die Wahrscheinlichkeit, dass es sich bei dir um Mobbing handelt.

Ab vier Punkte nur bei Teil 1 solltest du mit der betreffenden Person die direkte Konfrontation suchen und sie von deinem Verdacht unterrichten. Ein klärendes Gespräch kann Zweifel darüber ausräumen, ob hier ein Mobbing vorliegt. Manchmal merkt der andere gar nicht, was er da angerichtet hat.

Ab vier Punkte bei Teil 1 und einem Punkt bei Teil 2 raten wir dir, das Gespräch mit deinem Chef zu suchen und auf eine Klärung der Vorgänge zu beharren.

Besonders, wenn du bei Teil 2 mehr als zwei Punkte angekreuzt hast, dann solltest du eine Beratungsstelle für Mobbingopfer aufsuchen. Kommen vom gesundheitlichen Zusatztest noch Punkte hinzu, dann wird es Zeit sich mit Strategien gegen das Mobbing auseinander zu setzen.

Nachweise für Mobbing

Willst du beweisen, dass du gemobbt wirst, dann musst du Nachweise dafür erbringen, nur reine Vermutungen werden meistens abgetan. (Es ist schon an sich paradox, dass du als Opfer die Beweise erbringen musst.)

Bisher war es sehr schwierig, Mobbing nachzuweisen. Dazu musste es sich um **nachgewiesene, systematische Schikanen** über einen längeren Zeitraum handeln. Das hatte zur Folge, dass die gemobbten Personen ernsthaft krank wurden oder wegen der vermeintlichen Aussichtslosigkeit sich das Leben nahmen.

Nun ist es mit der Einführung des **Allgemeinen Gleichbehandlungsgesetz** (AGG) vereinfacht worden, sich gegen Mobbing schon zu Anfang zu wehren. Nach diesem Gesetz ist dein Arbeitgeber verpflichtet, Mobbingsituationen auf den Grund zu gehen und diese zu verhindern. Dazu genügt es, wenn du deinem Chef **schriftlich** deine Vorwürfe zur Kenntnis bringst.

Aber natürlich ist es besser, wenn du das Ganze mit Beweisen untermauern kannst.

Zeugen

Das Beste ist natürlich, wenn du mit Zeugen für das Mobbing aufwarten kannst. Dazu spreche die Personen an, die das Mobbing bezeugen könnten. Es wird einige geben, die sich da nicht mit reinziehen lassen wollen. Dafür haben wir einen schönen Satz gefunden, den du dann anwenden solltest:

„Wer schweigt, macht mit, wer Mobbing zulässt, stärkt es und macht sich mitschuldig." (Quelle: www.palverlag.de)

elektronische Beweissicherung

Was hier so hochtrabend klingt, ist nichts anderes als der **Einsatz von elektronischen Hilfsmitteln** wie Videokamera oder Fotokamera.

Da es so etwas wie **Datenschutz** gibt, ist der Einsatz dieser Geräte in der Öffentlichkeit umstritten. Zu Hause, auf deinem Grundstück und in deiner

23

Wohnung darfst du Geräte für Ton- und Bildaufzeichnungen verwenden.

Willst du nur im Vorfeld nachweisen, dass du gemobbt wirst (z. B. bei deinem Chef, dem Betriebsrat, gegenüber dem Anwalt oder zur Konfrontation mit dem Mobber), dann darfst du **Videokamera-, Recorderaufnahmen, Fotos oder Handyaufnahmen** verwenden. Als Beweismittel vor Gericht oder bei der Polizei taugen sie jedoch nichts, denn da werden sie ohne Zustimmung der anderen Personen nicht zugelassen. Es sei denn, es sind Aufnahmen von einer Feier beispielsweise und die Aufnahmen wurden offiziell gemacht. Oder der Mobber gibt seine Zustimmung zum Abspielen, weil er sich keiner Schuld bewusst ist.

Entscheidest du dich dafür Handy, Fotoapparat, Stimmenrecorder, Videokamera zu benutzen, dann solltest du **keine Billiggeräte verwenden**, weil sonst die Qualität leidet. So gibt es Videokameras, die am Tag wunderbare Bilder liefern, jedoch in der Nacht nur verschwommene oder gar keine Bilder zustande bekommen.

Die Möglichkeiten der elektronischen Überwachung oder Beweissicherung sind vielfältig:

➢ Minikamera
➢ Videokamera
➢ Handy
➢ Funkkamera
➢ Überwachungskamera
➢ Kamera gekoppelt mit dem Internet

Tipp: **Fotografiere jegliche Zerstörungen, Schmierereien etc**. Das dient dir als Nachweis, besonders wenn du in der Schule oder auf Arbeit gemobbt wirst.

Tagebuch

Experten empfehlen das **Führen eines Tagebuchs** als einen weiteren Nachweis. Hier solltest du mit **Ort und Datum chronologisch** (der Reihe nach) **die einzelnen Vorfälle** dokumentieren.

Das ist ja alles schön und gut, doch es ist meistens **effektiver**, wenn du diese Aufzeichnungen im **Internet in einem Blog** aufschreibst. Damit erreichst du auch andere Personen, die dich unterstützen werden, und die meisten Mobber scheuen die öffentliche Meinung. Es kann also durchaus abschreckende Wirkung haben.

Wenn du also genügend Material zusammen getragen hast und jede Menge Meinungen in deinem Blog gesammelt hast, dann <u>drucke die Seiten aus und lege sie deinem Mobber entweder auf den Tisch oder gehe damit zu deinem Vorgesetzten oder deinem Anwalt</u>. Du wirst erstaunt sein, die Wirkung ist meistens verblüffend.

Fachkräfte

Fühlst du dich absolut hilflos und weißt nicht, wo du anfangen sollst, um die Situation zu beenden, dann suche dir **Hilfe bei Fachkräften**.

Hier wird dir professionell weiter geholfen und du kannst wertvolle Tipps erhalten, wie du dich effektiv wehrst und welche Nachweise du dir wie beschaffst bzw. man hilft dir dabei, diese Beweise zu sichern.

Das können u.a. sein:

- ➤ **Psychotherapeuten**
- ➤ **Polizei**
- ➤ **Detektiv**
- ➤ **Beratungsstellen für Mobbingopfer**
- ➤ **Anwalt**
- ➤ **Vertrauenslehrerin**
- ➤ **Schulleiter/-in**
- ➤ **Betriebsrat**
- ➤ **Vorgesetzte**
- ➤ **Gleichstellungsbeauftragte**
- ➤ **Gewerkschaftsvertrauensmann/- frau**
- ➤ **Fachleute bei den Kammern, wie IHK und HWK**

Strategien gegen Mobbing

Bevor du jedoch einen Anwalt einschaltest, gibt es für dich aber noch **andere Möglichkeiten dich zu wehren**:

➢ Sei stark und wehre dich, **stelle den Mobber vor anderen und konfrontiere ihn** oder sie mit dem, was sie erzählen oder tun. Sage demjenigen, klipp und klar deine Meinung über sein Verhalten. Am besten eignet sich immer noch die Kantine oder ein Raum, in welchem sich mehrere Personen versammeln. Auch wenn dir dein Herz bis zum Hals schlägt, ziehe dieses Gespräch durch. Die Wirkung mag dich verblüffen. Denn das meiste Mobbing gedeiht nur im Geheimen und bei Menschen, die sich schwach zeigen. Machst du es durch die Aussprache öffentlich und demonstrierst dadurch Stärke, verliert der andere schnell sein Interesse an dir.

➢ Betrachte dein **eigenes Verhalten kritisch** und überlege dir, wie du die **Strategie deines Mobbers am Besten unterlaufen kannst.** Das tust du, indem du die ganze Situation analysierst. Arbeite am besten folgende Fragen ab:

- **Wann genau hat das Mobbing begonnen?** Mobbing beginnt schleichend, aber wenn du den ungefähren Zeitpunkt eingrenzen kannst, kannst du auch auf die Angst des Mobbers schließen (Angekündigte Stellenstreichungen können so ein Punkt sein). Das wiederum bedeutet, du findest den wunden Punkt deines Mobbers.

- **Welche Auslöser gab es vermutlich?** Auslöser für eine Mobbingattacke haben wir dir zu Anfang dieses Abschnittes unter Ursachen genannt. Auch das hilft dir in Zukunft entweder solche Auslöser zu vermeiden oder die Angst des Mobbers einzugrenzen.

- **Unter welchen Mobbingformen leidest du besonders?** Selbst wenn du ein dickes Fell hast, in jeder Lebensgeschichte von uns gibt es wunde Punkte. Leider finden die Mobber relativ schnell diesen Punkt und reiten auf diesem herum. Vielleicht kannst du es nicht ertragen, wenn man dich wie Luft behandelt oder mies über dich redet. Mache dir klar, welche Form des Mobbings dich verletzt und arbeite daran, gerade in diesem Bereich stärker zu werden. Dabei kann dir ein Psychotherapeut oder eine Selbsthilfegruppe gut helfen.

- **Wer macht bei dem Mobbing mit?** Mobbing kommt von dem Wort Mob = was Pöbel oder randalierender Haufen bedeutet. Das heißt, meistens sind mehrere Personen involviert. Schaue also genau hin, wer alles tuschelt oder dich lächerlich macht, wer dem

Wortführer Beifall zollt oder über gemeine Bemerkungen lacht. **Kleiner Tipp:** diese Menschen macht es **nervös**, wenn du über sie grinst. Einfach so und aus heiterem Himmel. Schau sie dir an und fange an breit zu grinsen, als wüsstest du etwas über sie, was sie noch nicht wissen. Das wirkt garantiert und der Haufen um den Mobber wird kleiner werden. Denn stell dir vor, diese Personen werden Angst bekommen und das vor dir.

- **Bist du wirklich so allein, wie du denkst, oder hast du Verbündete bzw. gibt es noch andere, die ebenso wie du gemobbt werden?** Meistens wirst nicht nur du allein gemobbt, sondern es werden auch andere Personen gemobbt. Oder gibt es jemanden in deinem Umfeld, der trotz des Mobbings nett zu dir ist? Sprich diese Personen an, gemeinsam seid ihr stark und könnt eine Front gegen den Mobber bilden. Mobbing betrifft in der Regel nur eine Person als Opfer. Mit mehreren Personen zur gleichen Zeit ist der Mobber überfordert.

- **Wie könntest du anders reagieren als bisher, wenn so eine Mobbingsituation auftrat?** Hast du bisher immer alles schweigend geduldet, vielleicht solltest du beim nächsten Mal einfach denjenigen darauf offen vor anderen ansprechen. Oder frage einfach mal, wovor er denn solche Angst hat, dass er dich immerzu angreifen muss. Tue das ruhig und sachlich, denn so verblüffst du erst einmal, weil du aus deiner Opferrolle herauskommst. Oder beginne breit zu lächeln. Damit rechnet niemand und es verunsichert sehr stark den anderen.

Wenn du deine Analyse fertig hast, fragst du dich vielleicht, was soll ich damit?! Zum einen hast du nun den ersten Schritt in die richtige Richtung getan, du stellst dich deiner Situation und beschäftigst dich damit, etwas daran zu verändern. Zum anderen kannst du jetzt an Hand deiner Analyse, den nächsten Schritt planen, nämlich deine Strategie.

Da jede Mobbingsituation anders und individuell ist, gibt es auch für die Strategien kein Patentrezept, sondern du musst dir deine eigene Mischung herstellen. Dabei unterscheiden wir hier zwischen fairen und unfairen Strategien.

Faire Strategien

Wie gesagt, du hast zwei Möglichkeiten dem Mobbing zu begegnen. Zuerst werden wir mit dir die fairen Strategien besprechen. Hier hältst du dich an die Vorschriften und bist zu 100% auf der sicheren Seite. Nur den Erfolg können wir dir bei dieser Art der Abwehr bedingt versprechen.

Bei jemand, der als Mobber noch keine große Erfahrungen hat oder seine Stellung innerhalb der Firma/ Schule nicht so gefestigt ist (ein Kollege im selben Status wie du, kein Chefposten), kannst du mit diesen Methoden gut ausbremsen.

Auf alle Fälle lohnt es sich, diese Strategien auch anzuwenden. **Entscheidend ist letztlich, dass du aus deiner Opferrolle herauskommst und Stärke zeigst.** Dann wirst du nämlich als Mobbingopfer uninteressant.

Tipp: Auf alle Fälle solltest du dir einen **Ordner** anlegen, in dem du dein **Beweismaterial sammelst**. In den folgenden Abschnitten wirst du erfahren, weshalb das so wichtig ist (Beweislast liegt immer bei dir) und wofür du alles den Ordner letztlich verwenden kannst.

Miteinander reden

Bist du dir unsicher, ob es sich wirklich um Mobbing handelt, dann gehe auf die betreffende Person zu und erkläre ihr, wie deren Handeln bei dir ankommt. Es ist durchaus möglich, dass dein Gegenüber verblüfft ist und sich bei dir entschuldigt.

Befindest du dich jedoch (laut Testauswertung) am **Anfang der Mobbingsituation,** so macht es auch hier Sinn, den Mobber **ruhig und sachlich zur Rede** zu stellen. Am besten vor anderen Personen, die neutral sind.

Tipp: Bitte befolge diese kleinen Regeln, damit das Gespräch ein Erfolg wird:

✓ **Bewahre die Ruhe** und lasse dich nicht von deinem Anliegen abbringen.

✓ Werde **nicht unsachlich**, damit verdirbst du dir nur den Eindruck, den du bei dem anderen erreichen willst. Bleibe bei den Fakten.

✓ Arbeite dir **vorher in Stichpunkten** aus, was du sagen möchtest. Das hilft dir ungemein, wenn du nicht so redegewandt bist.

✓ Vergiss nicht, was du außer deiner Beschwerde noch sagen willst, also **welche Forderungen** du an die betreffende Person hast.

✓ Getraust du dir nicht allein das Gespräch zu suchen, dann frage eine **Person deines Vertrauens**, ob sie dich zu dem Gespräch mit begleitet.

✓ **Verlierst du mal die Gesprächsführung**, dann keine Panik. Sage einfach: „**Es geht hier um mich und Ihr Verhalten mir gegenüber und das ich dieses Verhalten nicht mehr akzeptiere.**" Und schon bist du wieder bei dem Punkt, der für dich das Wichtigste im ganzen Gespräch sein dürfte.

✓ Vor einem Gespräch kann es sein, dass du nervös bist. Dann versuche es **mit bewussten Atmung** (tief ein- und ausatmen). Damit beruhigst du dich und es hilft dir auch während des Gesprächs.

✓ Bist du dir unsicher, ob du überhaupt das Gespräch suchen solltest, dann überlege dir, **was du zu verlieren hast**. Nämlich gar nichts. Aber du kannst Klarheit gewinnen und einen Sieg davontragen, wenn du das Gespräch durchführst. Und du gewinnst etwas ganz wichtiges: Einen Sieg über dich selbst und deine Angst, das baut Selbstbewusstsein auf.

Psychologische Hilfestellung

Mobbing zielt darauf ab, dich fertig zu machen. Und so ist es kein Wunder, wenn wir dir an dieser Stelle auch **psychologische Hilfe** empfehlen.

Psychologische Hilfe hört sich sehr hochtrabend an, doch es geht hier nicht allein um Psychotherapeuten. Deine Situation verlangt nach Hilfe und wenn du dir bei Personen deines Vertrauens diese Hilfe suchst, dann findest du auch sicher psychologische Hilfestellungen. Diese können sein:

> **Gespräche**, wenn du dir mal alles runterreden kannst, befreit das (du fühlst dich nicht mehr allein und die Belastung wird kleiner)

> und du kannst beginnen, die Geschehnisse zu **ordnen**, um zu sehen, ob du da nicht etwas zu empfindlich bist und es sich gar nicht um eine Mobbingsituation handelt.

> **Weitere effektive Schritte und Gegenmaßnahmen** können gemeinsam und übersichtlicher geplant werden

> Nicht zu vergessen die **psychologische Seite**: du bist nicht mehr allein und fühlst dich dadurch stärker. Dass dir jemand zur Seite steht, fühlst du dich besser und wirst mutiger.

Solltest du nicht allein aus der Situation herausfinden, dann **wende dich an:**

> **deinen Ausbilder,**
> **den Personalchef**
> **oder einen Gleichstellungsbeauftragten in deiner Firma.**
> **Der Betriebsrat ist für dich ebenso zuständig**
> **wie die Gewerkschaft**
> **oder die IHK bzw. HWK**
> **Selbsthilfegruppen**

Bei Schüler/innen macht es Sinn sich entweder an:

34

- ➤ die **Eltern,**
- ➤ **die/den Schulleiter/in**
- ➤ **oder die/den Vertrauenslehrer/in**

zu wenden.

Sehr wenig Erfolg haben Vermittlungsstellen wie bekannte Autoritäten wie Bürgermeister, Abgeordnete, Schiedsstellen oder die „Beschwerde an einem höheren Ort bzw. Instanz". (Quelle: www.mobbing.net)

Weiter kannst du **professionelle Hilfe** suchen.

- ➤ Bei **einem Psychologen**
- ➤ **Psychotherapeuten**
- ➤ **deinem Hausarzt**
- ➤ **Beratungsstellen, die auf Mobbing spezialisiert sind.**

werden zum Beispiel an Hand von **Rollenspielen** deine Verhaltensweisen trainiert.

Ein Psychotherapeut wird mit dir **Ursachenforschung** betreiben und dir das nötige Rüstzeug geben, um aus diesem Teufelskreis auszubrechen, bevor du daran zerbrichst.

Eins sollte dir klar sein**, je länger du das beleidigende Verhalten des anderen hinnimmst, umso schwieriger wird es, aus eigener Kraft aus diesem Teufelskreis heraus zu kommen.**

Darum empfiehlt es sich rechtzeitig, etwas zu unternehmen und sich auch professionelle Hilfe zu suchen.

Öffentlichkeit, Fernsehen, Zeitung

Die Öffentlichkeit zu informieren ist ein zweischneidiges Schwert. Einerseits kann es durchaus sein, dass du die erwartete Hilfe bekommst, aber es besteht immer die Gefahr, dass du vorgeführt wirst. Deshalb wäge diesen Schritt genau ab.

Du musst dir also im Klaren darüber sein, ob du mit möglichen negativen Konsequenzen eventuell leben kannst. Denn wie die Öffentlichkeit reagiert, wie du dargestellt wirst, darauf hast du keinen Einfluss. **Vor so einem Schritt berate dich mit einer Person, der du vertraust oder einem Anwalt**.

Solltest du diesen Schritt gehen, dann empfehlen wir dir, die **seriöse Öffentlichkeit** zu wählen. Also Finger weg von der Boulevardpresse. Die mag zwar eine größere Auflage haben, aber die Hilfe für dich konkret ist dürftig klein.

Willst du die **Presse** einschalten, dann gibt es einiges zu bedenken. Erstens ist dein Fall wirklich so interessant für die Zeitung? Was nutzt es dir, wenn du und dein Fall auf Seite 18 in der Beilage am Wochenende stehen und kein Mensch liest das. Und was bleibt übrig, wenn du die beweisbaren Tatsachen zusammenfasst. Auch die Presse kann verklagt werden und so wird man sich von dir deine Beweise für das Mobbing zeigen lassen und notfalls dem Rechtsbeistand der Zeitung vorlegen, damit dieser die Beweiskraft bewertet.

Das **Fernsehen** hat viele Sendungen, die sich mit Fällen wie deinem beschäftigen. Doch schau genau hin. Schon allein die Kontaktaufnahme gestaltet sich schwierig. Nur jeder 10. Fall ist für das Fernsehen so interessant, dass du einen Anruf bekommst und deinen Fall schildern darfst. Dann wird auch hier erst einmal das Beweismaterial gesichtet und dann die möglichen Einschaltquoten bewertet.

Bei **Talkshows** bekommst du relativ schnell eine Einladung und dort musst du auch nichts beweisen. Nur dein Gegner wird ja auch eingeladen und die Frage ist dann, wie mutig oder redegewandt bist du wirklich. Leider gleiten diese Shows in wüste Beschimpfungen ab und deine Person wird in solch einem Moment der Lächerlichkeit preisgegeben, wenn du nicht die Haltung bewahren kannst.

Radiosender sind auch ein öffentliches Mittel, das dir gute Dienste leisten könnte. Aber auch hier musst du beweisen, was du zum Thema machst. Besonders regionale Radiosender freuen sich, wenn zur Frühstückszeit so ein Fall präsentiert werden kann. Doch zunehmend rückt so eine Fallbesprechung zu Gunsten von lustigen Sprüchen der Moderatoren in den Hintergrund.

Tipp: Solltest du dich zu einem dieser Schritte in der Öffentlichkeit entschließen, dann folge diesen Empfehlungen:

➢ **Prüfe die Zeitung, den Radiosender oder die entsprechende Fernsehsendung auf ihre Seriosität.** Schaue oder höre dir Vergleichsendungen an und dann überlege dir, wie dein Fall dort dargestellt werden könnte.

➢ Überlege dir genau, ob du mit **den möglichen Folgen umgehen** kannst. Alles hat zwei Seiten und die öffentliche Meinung sogar noch mehr. So kann ein öffentlicher Auftritt dir entweder positiven Erfolg bescheren oder eben negative Schlagzeilen. Das ist abhängig davon, wie sachlich die Berichterstattung abläuft.

➢ Versuche den **Unterhaltungswert** deines Falles **objektiv zu betrachten.** Das klingt brutal, aber davon leben die Medien. Hier ist **Unterhaltungswert = der Auflagenhöhe oder der Einschaltquote.** Das heißt, ist dein Fall nur einer von vielen ohne irgendwelche gravierende Folgen, die für andere Menschen interessant sein könnten, dann hat dein Fall keinen Unterhaltungswert und kein öffentliches Medium wird sich damit beschäftigen.

➢ **Datenschutz** ist hier auch wieder ein Thema. Du bist vielleicht im Recht, aber du musst aufpassen, dass alles den beweisbaren Tatsachen entspricht. Was du also sagst über jemanden, musst du auch belegen können. Sonst hast du am Ende eine **Klage wegen Rufmord oder Verletzung des persönlichen Rechts** am Hals.

➤ Die **Beweislast** liegt immer bei dir, wenn du an die Öffentlichkeit gehst. Also ordentlich sammeln und dann präsentieren.

➤ Hast du das für dich geeignete Medium gefunden (Show, Sendung, Zeitung), dann wende dich **schriftlich an die Redakteure**. Die Adressen findest du nach etwas Stöbern auf deren Internetseite meistens unter Kontakt. Mittlerweile hat jede Zeitung oder Sender eine Internetpräsenz. Schildere deinen Fall und begründe, warum dein Fall so interessant für die Öffentlichkeit sein kann. Nach Möglichkeit füge dein Beweismaterial als Dateianhang bei.

➤ Bemühe dich immer um **Sachlichkeit**, auch wenn es dir verständlicherweise schwer fällt. Doch wenn du in den Medien verfolgst, wie jemand dann dasteht, der die Nerven verloren hat, so wird dir sicher klar werden, warum dieser Tipp so wichtig ist. Je mehr du dich um Sachlichkeit bemühst, um so eher wirst du deinen Gegner zu einem Ausraster bringen und die Sympathien gehören dir, du wirkst dann weitaus glaubwürdiger.

Internet, Webseite

Auch das Internet gewinnt zunehmend an Bedeutung als Medium für die Öffentlichkeit. Auch hier weisen wir dich auf den Datenschutz hin.

Solltest du eine **Webseite** einrichten, in der du auf das Mobbing gegen dich aufmerksam machen möchtest, dann achte darauf, dass du alles was du da schreibst, auch beweisen kannst.

Familiennamen solltest du hinter dem ersten Buchstaben abkürzen und **Fotos** darfst du nicht ohne Zustimmung veröffentlichen, es sei denn, du hast sie auf deinem Grundstück aufgenommen.

Tipps: Richtest du eine Website ein, dann solltest du noch dies wissen:

> ➤ Eine **kostenlose Homepage** kannst du dir als private Seite unter etlichen Anbietern einrichten. T-Online bietet z. B. eine kleine Homepage in seinen Paketen an.

> ➤ Meistens sind diese Homepages mit **einem Baukastensystem** versehen, so dass das Erstellen kinderleicht ist.

> ➤ **Überlege dir genau,** was du alles in deine Homepage unterbringen willst. Stelle dir folgende Fragen:

>> - **Was will ich erreichen?**
>> - **Wen will ich informieren?**

40

- **Was stelle ich genau in die Homepage?**
- **Will ich ein eignes Forum gründen?**

➢ Arbeite **den Text der Homepage** erst einmal auf einem Blatt Papier oder im Word aus. Dann zeige ihn einer Person deines Vertrauens. Geht gemeinsam durch, ob alles **sachlich und wahrheitsgemäß** dargestellt ist und dir niemand eine Klage anhängen könnte. Ist alles in Ordnung, dann stelle den Text auf deine Homepage.

➢ Bist du mit deiner Homepage fertig, solltest du dir auf alle Fälle einen **Zähler oder Counter** einbauen. An diesem kannst du sehen, wie viel Personen deine Homepage aufgerufen haben. Auch das kann aufbauen.

➢ Der **Domain- Name** sollte nicht beleidigend sein, sondern prägnant und auf dein Anliegen hinweisen. Dabei achte darauf, dass der Titel **nicht zu lang** ist, das kann sich nämlich niemand merken. (keine ellenlange Adresse, sondern etwas wie **www.mobbing-in-reinkultur.de** oder **www.antimobbing.com** wählen).

➢ Ist unter .de deine **Wunschadresse besetzt**, dann versuche es doch mit .com, .eu oder .net.

➢ Hast du deinen Domain- Namen, dann hast du deine **web- Adresse** und nun solltest du

41

dafür sorgen, dass diese **bekannt** wird. Da gibt es tolle Möglichkeiten, wir stellen dir einige hier vor:

- **Visitenkarten und Briefköpfe** mit der Web- Adresse

- **Stempel**

- Bei **Emails** werden **Signaturen** angeboten, da kannst du einen Verweis auf deine Website unterbringen

- **T-Shirts** mit der Webadresse

- Ein **Zettel am schwarzen Brett** ist auch sehr gut.

- **Kleinanzeigen** eignen sich hervorragend, deine Website bekannt zu machen.

- **Flyer** sind auch eine effektive Methode, den Bekanntheitsgrad deiner Website zu steigern.

Foren im Internet

Es kann ja durchaus sein, du hast in deiner Nähe keine Selbsthilfegruppe oder du möchtest einfach noch nicht so offizielle Mittel zur Hilfe nehmen. Dann kann es hilfreich sein, sich einem der vielen

Foren im Internet anzuschließen. Dort findest du Menschen, denen es genauso so geht wie dir und ihr könnt Erfahrungen austauschen.

Tipps: Trotzdem solltest du auf folgende Schwerpunkte achten:

➢ Meide Foren, die sich durch **Unsachlichkeit, Aggressivität** auszeichnen.

➢ Webseiten, die dir ein **günstiges Angebot oder eine gratis Beratung versprechen**, sind unseriös und nicht an deinem Problem interessiert. Sie wollen nur eins...dein Geld. Spätestens in den AGBs kannst du die Geldforderungen ganz klein gedruckt lesen.

➢ Erhältst du plötzlich eine **Flut von Emails mit Werbeangeboten**, die im Zusammenhang mit der Website stehen, die du aufgesucht hast, dann trage dich dort getrost aus. Du bist einem „Email-Sammler" auf den Leim gegangen.

➢ Erhältst du während des Aufenthalts auf der Website **Warnungen deiner Firewall** (oder Anti- Virus- Software), dann lasse die Finger auch von dieser Website.

➢ In keinem Forum **dürfen Personen namentlich genannt** werden. Werden doch Namen genannt und niemand schaltet sich ein, dann kannst du dieses Forum auch getrost verlassen.

> Kannst du ein Forum nicht als **Gast unverbindlich betreten**, dann auch hier Hände weg von dem Forum.

> Und bitte, **keine Bankdaten eingeben**! Sonst hast du auf dem nächsten Kontoauszug eine Abbuchung drauf, von der du keine Ahnung hast.

Besonders empfehlenswert ist die vielfältigen Foren auf **www.mobbing.net**.

Aber auch **www.mobbing-web.de** ist sehr interessant.

Buch schreiben

Ein Buch zu schreiben erfordert heute viel Geduld, Disziplin und ein interessantes Thema.

Das Thema hast du auf jeden Fall und es hilft ungemein, sich den ganzen Ärger vom Herzen zu schreiben. So kannst du dir Luft machen und lernst dazu **mit deiner Wut kreativ** umzugehen.

Die Kosten, um einen Buch heraus zu bringen, sind durch Anbieter wie **www.BoD.de** minimal. Doch du kannst ja das Buch nur für dich schreiben.

Tipps: Egal, wie du dich entscheidest, du solltest folgende Hinweise beherzigen:

- ➢ Schreibe dein Buch als **eine Art Tagebuch**. Zurzeit ist das gefragt und für dich ist es einfacherer, alles in der richtigen Reihenfolge aufzuschreiben. Da du von der „ich - Form" ausgehst, kannst du besser deine Gefühle beschreiben.

- ➢ Schalte am PC die **Rechtschreib- und Grammatikprüfung ein**. Nach den ganzen Reformen in der deutschen Rechtschreibung wirst du das einfach benötigen. Selbst die Leute, die diese Reform beschlossen haben, kommen ganz schön in Bedrängnis, wenn man sie zu bestimmten Rechtschreibregeln befragt. (quelle: www.bild.de)

- ➢ Du hast drei Veröffentlichungswege:

  - - **über einen fremden Verlag**
  - - **als Selbstverlag**
  - - **oder auf einer Website**

- ➢ Willst du dein Buch also irgendwie veröffentlichen, so denke an den „heiß geliebten" **Datenschutz**. Gewöhne dir an, von deinen Mobbern als N. oder mit einem anderen Namen zu schreiben. Wer dein Buch liest, kennt weder dich noch deinen Peiniger, aber er möchte die Geschichte erfahren, die du zu berichten hast.

- ➢ Genauso solltest du mit den anderen persönlichen Daten deines Mobbers verfahren. Angenommen du gibst die

45

ausführliche Adresse deines Mobbers an und dieser wohnt in einer winzigen Einfamilienhaussiedlung. Dann weiß garantiert jeder, wer gemeint ist und du hast eine Klage wegen Rufmord am Hals. **Also keine genauen Angaben, wenn du deine Vorwürfe und Anschuldigungen nicht beweisen kannst**.

Trotzdem kann ein Buch zu schreiben, dich erleichtern und deinen Mobber nachhaltig in die Schranken weisen. Denn wer liest schon gern, was er heimlich geplant hat, schwarz auf weiß in aller Öffentlichkeit. Niemand!

Plakatwerbung

Plakate sind in der Werbung ein beliebtes Mittel, um ein Produkt bekannt zu machen.

Warum solltest du es nicht verwenden, um auf deine Situation aufmerksam zu machen. Das erfordert etwas Geld und einen guten Stellplatz.

Kombiniert mit deiner Webseite und Internetadresse ist es ein geeignetes Mittel für eine Antimobbingstrategie.

Du hast eine Webseite für Mobbingopfer gegründet, dann kannst du sie so öffentlich machen.

Willst du auf deine Lage hinweisen als Mobbingopfer und dann überlege mit einer

46

Werbeagentur gemeinsam, wie man dieses Problem öffentlich macht ohne den Datenschutz zu verletzen.

Tipp: Dazu solltest du dir **eine junge Werbeagentur** suchen. Diese kosten meistens nicht viel und sind an jedem Auftrag interessiert. Meistens sind die auch noch nicht eingefahren in ihren Werbestrategien und so kannst du etwas überraschend Neues präsentiert bekommen. Die Frage ist eben, wie viel Geld du in dieses Projekt reinstecken möchtest.

Rechtsanwaltliche Hilfe

Einen Rechtsanwalt einzuschalten ist leider in den meisten Mobbing- Fällen notwendig.

Ehe du diesen Weg wählst, wirst du einiges an Schlichtungsversuchen im Vorfeld schon versucht haben. Jedoch ist das Einschalten eines Anwaltes sehr effektiv.

Meistens scheut man sich vor den Kosten, die zwangsläufig entstehen, doch hier bekommst du fachmännischen Rat und wenn du damit ein Ende des Mobbings erreichst, sind die Kosten durchaus vertretbar. Viele Anwälte lassen sich auch auf eine vernünftige **Ratenzahlung** ein.

Tipp: Auch hier geben wir dir ein paar notwendige Verhaltensmaßregeln, damit du gut vorbereitet bist.

- ➢ Suche dir **einen Anwalt der beim Oberlandesgericht zugelassen** ist. Das macht Eindruck und dein Mobber wird annehmen, dass du dich auf eine Gerichtverhandlung einstellst, die notfalls durch mehrere Instanzen geht. Das schreckt ab, genauso wie die Tatsache, dass man es mit einem erfahrenen Rechtsanwalt zu tun hat.

- ➢ Hast du einen guten Anwalt gefunden, so **vereinbare einen Termin** und nimm zu dem Termin **deine gesammelten Werke** mit. Auch hier musst du beweisen, was du sagst.

- ➢ Auch bei dem Anwalt bleibe **sachlich** und frage nach **deinen Möglichkeiten**, dich gegen das Mobbing zu wehren. Das wird von einem Einschreibebrief bis zu gerichtlichen Schritten reichen.

- ➢ Es besteht die Möglichkeit, dass du die **Arbeit verweigern** kannst, wenn das Mobbing zu heftig geworden ist. Auch dazu kann dir der Rechtsanwalt die nötigen Schritte erklären.

- ➢ Nicht jeder kann gut mit Worten schriftlich oder mündlich umgehen. Für den Anwalt ist das kein Problem. Also **überlasse ihm alle weiteren Schritte und halte mit ihm regelmäßig Kontakt.**

> Auch Anwälte sind Menschen, und ihnen
> können **Fehler** unterlaufen. Also kontrolliere
> die Schreiben deines Anwaltes, ob sie auch
> das wiedergeben, was vereinbart war.

Belohnung

Das hier im Zusammenhang mit Mobbing zu lesen,
wird dir widerstreben und eventuell unverständlich
sein. Doch lies erst einmal weiter, vielleicht ist das
eine Lösung für dich.

Eine **Belohnung auszusetzen** ist gar nicht so
dumm. Denn wenn du keine Zeugen oder Beweise
für das Mobbing hast, so kann sich das durch eine
Belohnung schnell ändern.

Von Behörden und Medien werden ständig
erfolgreich Belohnungen ausgesetzt.

Eine **Belohnung** auszusetzen ist also ein legales
und effektives Mittel, um Mobbing Einhalt zu geben
oder Zeugen oder Beweise zu finden.

Für die ausgezeichnete Wirkung von ausgesetzten
Belohnungen haben wir ein gutes Beispiel in der
Praxis gefunden. Hier ging es um einen
eskalierenden Nachbarschaftsstreit wegen einer
gemeinsamen Zufahrt. Es war allgemein in der
Siedlung bekannt, dass das Häuschen, welches
sich Familie E. gekauft hatte, gern Herr L. für seine
Tochter erwerben wollte. Kaum war Familie E.
eingezogen, begannen Verleumdungen und Nägel

auf dem Grundstück der Familie gehörten mittlerweile zur Tagesordnung wie eines Tages eine mit großen Betonblöcken verstellte Garage. Da die Polizei hier nichts ausrichten konnte und Familie E. auf eigene Kosten die Betonblöcke wegräumen lassen musste, ergriff Familie E. die Möglichkeit der Belohnung. Dazu ließ sie Flugblätter mit folgendem Inhalt drucken:

„1000 Euro Belohnung für die Aufklärung von einem Fall von Vandalismus.
Wir setzen eine Belohnung in Höhe von 1000 Euro aus, für Informationen oder Beweise die im Zusammenhang mit dem Vandalismus auf unserem Grundstück am 14. 10. 2007 stehen. Auch Informationen, die damit in Zusammenhang stehen, werden honoriert. Können die Täter identifiziert werden und verurteilt werden durch die gegebenen Hinweise, beträgt die Belohnung 1000 Euro. Strengstes Stillschweigen wird garantiert."

Unter diesen Text setzte die Familie E. ein Foto mit den Betonblöcken vor ihrer Garage. Die Flyer wurden im ganzen Ort verteilt und die Resonanz war erstaunlich.

Wurde die Familie bisher geschnitten und nicht beachtet, grüßte man sie nun und die Nachbarskinder kamen auf einmal zum Spielen mit den Kindern der Familie E. vorbei.

Beste Freunde von Herrn L. spielten der Familie „gratis" Unterlagen zu. Ein anderer Nachbar hatte ähnliche Vorkommnisse erlebt und deshalb sich eine Überwachungskamera angeschafft, die auch die Zufahrt der Familie E. teilweise auf den Bildern hatte.

Damit war es dann einfach, rechtliche Schritte gegen Herrn L. einzuleiten.

Es lohnt sich also schon in bestimmten Fällen eine Belohnung auszusetzen.

Eine Belohnung hat **mehrere Wirkungen**:

> ➤ Sie signalisiert dem Mobber, bis hierhin und nicht weiter, dass man jetzt bereit ist auch **ungewöhnliche Gegenmaßnahmen** zu ergreifen.

> ➤ Die **Umgebung erkennt den „Wert"**, den diese Angelegenheit erreicht hat und verändert ihr Verhalten. War das Mobbing bisher ein Spaß, wird nun die Angelegenheit ernst. Durch diese neue Gegenmaßnahme distanziert man sich von dem Mobber, um nicht in die Gegenmaßnahme mit rein gezogen zu werden und eventuell selbst die Belohnung abzufassen.

> ➤ Es wird zwar eine **Atmosphäre des Misstrauens** geschaffen, doch letztlich reduziert sich dadurch das Gefolge des Mobbers.

> ➤ Dein Peiniger sieht, **welche Geldmengen du bereit bist gegen ihn einzusetzen**. War es

bisher ein kostenloses Vergnügen dich zu ärgern, so muss er nun sehen, dass er entweder gleich zieht oder aufhört. Zu 90 % wird er aufhören.

Anzeige, Gerichtsverfahren

Eine Anzeige bei der Polizei hast du vielleicht wegen Telefonterror oder Zerstörung schon eingereicht.

Hast du nun aber genug beweiskräftiges Material zusammen oder kannst mit Zeugen aufwarten, dann solltest du **deinen Mobber bei der Polizei oder der Staatsanwaltschaft anzeigen**.

Damit läutest du eine Runde ein, die deinem Peiniger garantiert nicht schmecken wird. Öffentliches Interesse an seinen Aktionen ist nicht das gewesen, was er erreichen wollte. Und eine eventuelle Verurteilung wegen **Verleumdung oder Rufschädigung** auch nicht. Die **Schadensersatzklagen**, die dann auf deinen Mobber warten, mögen nicht allzu hoch sein, aber auch das dürfte etwas sein, womit er zu Anfang seiner Aktionen nicht gerechnet hat.

Tipp: Damit alles für dich glatt verläuft, haben wir dir ein paar Hinweise zusammen getragen, die du beachten solltest:

> ➢ Überprüfe deinen Ordner mit dem **Beweismaterial auf seine Beweiskraft**. Du

solltest eine Person deines Vertrauens darum bitten, sich unabhängig und objektiv deinen Ordner anzusehen und seine Meinung darüber dir mitzuteilen.

➢ Bevor du zur Polizei oder Staatsanwaltschaft gehst, **lasse dein Material von einem Anwalt prüfen und wenn du möchtest, beauftrage ihn mit dem Einreichen der Klagen**. Damit ersparst du dir jede Menge Stress.

➢ **Zeugen können bei deinem Anwalt schon im Vorfeld ihre Aussage zu Papier geben**. So wird ihnen der unangenehme Gang zur Polizei erspart. Meistens sind in der entspannten Atmosphäre bei einem Anwalt Zeugen viel gesprächiger und der Anwalt hat die nötige Erfahrung, um das Wichtige vom Unwichtigen zu trennen.

➢ **Solche Verhandlungen können sich durch die Überlastungen der Gerichte über Jahre hinziehen**. Schnell ist so ein Erfolg versprechender Fall verjährt. Das heißt für dich, öfters mal nachfragen bei der Staatanwaltschaft, damit deine Akte wieder nach oben auf den Stapel kommt. Oder frage bei deinem Anwalt regelmäßig nach.

Unfaire Strategien

Mit den unfairen Anti- Mobbingstrategien stellst du dich auf eine Stufe mit dem Mobber, doch manchmal geht es eben nicht anders. Eigentlich gibst du deinem Peiniger nur seine eigene Methode zu kosten bzw. du hältst ihm einen Spiegel vor.

Wir haben darauf geachtet, dass sich diese Tipps **im legalen Bereich** bewegen (zumindest in einer legalen Grauzone).

Trotzdem müssen wir zugeben, dass uns dieser Abschnitt den meisten Spaß bereitet hat. Wir waren erstaunt, welche „Dirty" - Methoden es im Bereich Antimobbing gibt.

Beginnen werden wir mit den harmloseren Strategien und gehen dann zu den härteren Strategieformen über.

Doch aufgepasst, dass du dann nicht selbst zum Mobber wirst oder deine Aktion eine Art Eigenleben entwickelt und eskaliert. Also überlege, ob du mit den möglichen Konsequenzen leben kannst.

Satire, Karikatur und Humor

Nehmen wir mal an, du bist ein humorvoller Zeitgenosse und du hast alles aufgeschrieben.

Dann bietet sich auch die Möglichkeit an, das **Geschriebene in satirischer oder humoristischer Form** aufzuarbeiten. Konfrontiert mit beißender/m Satire oder Humor, das gibt deiner Gegenseite garantiert zu denken.

54

Karikaturen erfreuen sich heute immer mehr einem regen Zulauf und einem größer werdenden Interesse. Die Menschen möchten lachen, und sei es nur auf Kosten von anderen. Nur eben diesmal auf Kosten deines Mobbers und nicht deinen.

Bist du also auf diesem Gebiet begabt, dann macht es Sinn, ein paar Karikaturen anzufertigen, diese auszudrucken und am **schwarzen Brett oder auf deiner Website** zu platzieren.

Auf diese Weise will sich garantiert niemand dargestellt sehen und dass der Mobber und seine Aktionen dann so der Lächerlichkeit preisgegeben wurden, ist eine **wirksame Abwehr** von Mobbingattacken.

Öffentlicher Spott

Eine Webseite kann dir sehr dienlich sein. Das hatten wir ja schon besprochen. Nun **kombiniere deine Webseite einige Aktionen deines Mobbers in Bild und Ton mit ein paar beißenden Bemerkungen**.

Am besten hat es sich bewährt, wenn du einige erlaubte Videoaufnahmen (auf deinem Grundstück aufgenommen z.B.) bei **www.myvideo.de** reinzustellen. Sicher gibt es jemanden in deinem Bekanntenkreis, der sich mit Videobearbeitung auskennt und so kannst du deine **eigenen, zynischen Texte einarbeiten**. Oder du gibst den

Videos einen **netten zweideutigen Titel**. Du wirst erstaunt sein, welche Resonanz das haben kann.

Aber auch **Flugblätter mit einem peinlichem Bild** (möglichst offiziell aufgenommen, z. B. beim über den Zaun klettern in deinen Garten) mit ein paar Infos über die betreffende Person (Freizeitbeschäftigung: fremde Zäune besichtigen – z.B.) können für Gelächter sorgen.

Du musst nur beachten, dass man dir nichts anlasten kann. Das heißt also, **denke an den Datenschutz und halte dich an Tatsachen, die du nachweisen kannst.**

Grillparty und ähnliches

Wie kannst du einem Mobber zeigen, dass du über seinen Aktionen stehst…ganz einfach, du **veranstaltest selbst eine Party**.

Ob nun eine Hausparty oder eine Grillparty, wichtig ist nur, dass du dich kräftig amüsierst.

Nichts hassen Mobber so sehr, wenn sie merken müssen, dass ihre Opfer trotzdem noch jede Menge Spaß und Freude haben und ihre Mobbingaktionen eigentlich im Nichts verpuffen.

Hier kannst du auch ein paar Gemeinheiten einbauen. Nehmen wir unser Foto mit dem Nachbarn auf deinem Gartenzaun. Daraus kann man **herrliche Einladungen** basteln. So nach dem

Motto: Eingeladen ist jeder, dem so etwas Ähnliches passiert ist.

Damit bewegst du dich im Bereich des Legalen und machst diesen Zeitgenossen und seine Aktionen bekannt.

(Ist dein Mobber auf dem Foto gut zu sehen und das Foto ist nicht offiziell, dann kann man das Gesicht unkenntlich machen und schon kannst du das Bild verwenden.)

Gemeinheiten aus der untersten Schublade

Bevor du diesen Abschnitt umsetzt, möchten wir dich warnen. Hier stellst du dich nun endgültig auf das Niveau deines Mobbers ein. Du solltest dir im Klaren darüber sein, dass die hier beschriebenen Aktionen strafrechtlich verfolgt werden könnten.

Auf **www.rache.de** kannst du aus einer Vielzahl von plumpen wie raffinierten Racheaktionen auswählen.

Scheinbare Dementis können das Gegenteil bewirken. Ein einfacher Satz wie „Ich glaube ja nicht, dass Frau A. Schulden hat." lässt den Angesprochenen natürlich das Gegenteil vermuten. Kannst du etwas dafür, was die Leute vermuten, obwohl du nur eine Tatsache ausgesprochen hast?!

Werbegeschenke sind klein und günstig und können leicht ihren Zweck erfüllen. Ein

Kugelschreiber mit dem bezeichnenden Aufdruck wie „Schuldnerberatung X" oder „Impotenzberatungsstelle" auf dem Tisch deines Mobbers löst jede Menge Gesprächsstoff aus.

Ich weiß was- Aktionen: das ist nun das absolut Letzte, aber damit beschäftigst du deinen Mobber nachhaltig. Dein Nachbar bezieht Hartz IV und geht heimlich arbeiten? Oder hat Rente wegen einem Hüftleiden beantragt und gräbt den Garten über Stunden hinweg um? Sozial- und Steuerbetrug greift immer mehr um sich und so solltest du hier deine Pflicht tun, wenn du so etwas auf die Spur kommst. Aber denke daran, dass letztlich alles bewiesen sein muss, selbst solche Betrügereien.

Egal, welchen unserer Dirty – Tricks du hier anwendest, bitte denke immer vorher nach, welche Konsequenzen daraus entstehen könnten.

Es ist im Bereich der Möglichkeiten, dass sich alles gegen dich wendet und du noch schlechter als zum Anfang dastehst. Darum legen wir dir unsere fairen Strategien nahe, da kannst du deinem Mobber Einhalt gebieten und das mit fairen Methoden.

Nun werden wir noch einmal auf **einzelne Bereiche** näher eingehen, in welchem uns Mobbing begegnen kann.

Mobbing am Arbeitsplatz

Hier handelt es sich um die häufigste und bekannteste Form des Mobbing.

Unbestritten ist mittlerweile, dass die psychischen und gesundheitlichen Schäden der Opfer immense wirtschaftliche Schäden verursachen und diese nicht zu unterschätzen sind (laut DGB werden die wirtschaftlichen Schäden durch Mobbing pro Jahr auf bis zu 50 Milliarden Euro bei Unternehmen und Gesellschaft geschätzt).

Egal, wie klein eine Firma ist, irgendwann tritt sicher eine Mobbingsituation auf. Hier sind nun die Führungskräfte gefragt. Mit einer fundierten Ausbildung im Krisenmanagement kann man eine entstandene Mobbingsituation so nachhaltig auflösen, dass alle Parteien zufrieden sind und in Zukunft neue Mobbingattacken vermieden werden. Auch die Inanspruchnahme eines Fachmannes für Krisenmanagement bietet sich hier an. Davon gibt es sehr viele im Internet und die Auswahl fällt schwer. Nach unseren Erfahrungen sollte man nicht so sehr auf die Präsentation im Internet achten oder auf akademische Titel, sondern weitaus mehr Gewicht auf die praktischen Erfahrungen legen.

Ursachen sind hier häufig:

> ➤ Eine Neubesetzung freier Stellen
> ➤ Konkurrenzkampf um eine höhere Position
> ➤ Stellenabbau

- ➤ Neid, Antipathie
- ➤ Übermäßiger Leistungsdruck
- ➤ Nicht klar getrennte Aufgabenbereiche
- ➤ Frustableitung und Konfliktverlagerung
- ➤ „Bestrafung" von abweichenden Verhalten (fremde Kultur, anderer Arbeitsstil)
- ➤ mangelnde Konsequenz der Vorgesetzen
- ➤ unklare Zuständigkeiten
- ➤ Angst vor dem Verlust der eigenen Position

Schaust du also genauer hin, wirst du feststellen, dass es sich in der Hauptsache um den Verlust des Arbeitsplatzes, des Prestiges sowie um mangelnde Führungsqualitäten sich dreht.

Strategien gegen das Mobbing am Arbeitsplatz

Hier sind nur formale Strategien erlaubt. Das heißt, du darfst nur rechtlich einwandfreie Strategien verwenden, sonst stehst du urplötzlich als Mobber da oder deine eventuell notwendige Schadensersatzklage wird abgewiesen. Wir haben die zulässigen Strategien für dich zusammengetragen und hier aufgeführt:

- ➤ **Stelle den Mobber zu Rede**, besonders wirksam ist es, wenn du es vor anderen tust.

- ➤ Wenn Reden nicht so deine Stärke ist, dann **schreibe einen Brief**, kopiere diesen und lasse ihn entweder per Einschreiben

60

zustellen oder übergebe den Brief vor anderen der Person.

➤ Fertige einen **Zeitplan der Mobbingsituationen** an und **suche dir Verbündete**. Dann wende dich mit deinen Aufzeichnungen an deinen Chef oder die entsprechende Kammer wie IHK oder HWK und verlange eine Klärung der Situation.

➤ **Du darfst dich nicht ins Abseits drängen lassen. Das heißt, pflege soziale Kontakte, werde nicht zum Einzelgänger.**

Woran erkennt man eine sexuelle Belästigung?

Der Grat zwischen einer harmlosen Geste und einer Belästigung ist sehr schmal und wird oft erst im Nachhinein erkannt.

Bist du dir unsicher, dann vergleiche erst einmal das Verhalten des Betreffenden, ob er die gleichen Gesten gegenüber anderen anwendet und frage auch nach, ob sich die anderen davon belästigt fühlen.

Erst einmal klipp und klar: **Alles, was dir unangenehm ist, ist nicht in Ordnung und sollte direkt angesprochen werden**

(wenn es geht, vor anderen).

Reagiert der Betreffende nicht, hast du es mit einer **Belästigung** zu tun.

Dabei solltest du ernst und bestimmt **„nein"** sagen, damit dein Gegenüber es auch klar versteht. Nur weil du Azubi bist, musst du dir nicht alles gefallen lassen. Doch es **muss klar und eindeutig** sein, dass du diese Art Belästigung nicht wünschst.

Ein „Nein" mit einem netten Lächeln oder Kichern zu verpacken, kann vom anderen als ein „vielleicht" oder „ja" gewertet und als Flirt ausgelegt werden.

Anzeichen für eine sexuelle Belästigung

Die **Kennzeichen** für eine **sexuelle Belästigung** werden wir dir jetzt vorstellen:

- ➢ **Hinterpfeifen** (nur weil du einen kurzen Rock wegen der Sommerhitze trägst, muss man dir doch nicht hinterher pfeifen).

- ➢ **Anstarren bestimmter Körperteile** wie Brüste

- ➢ **Bemerkungen mit sexuellen Inhalt** wie zotige Witze, Sprüche über deine Figur usw.

- ➢ **Körperliche Berührungen** (Brüste anfassen, in den Po kneifen, usw.)

- ➢ **Aufdrängen sexueller Handlungen**, das können ungewollte Küsse oder Angrapschen sein

- ➢ **Unerwünschte Einladungen mit eindeutigen Inhalt**

- ➢ Das **Zeigen und Anbringen pornografischer Bilder**

- ➢ **Androhung von Nachteilen bei sexueller Verweigerung**

- ➢ **Versprechen von Vorteilen bei sexuellem Entgegenkommen**

> **Vergewaltigung**

Wenn du dich nach so einer Aktion gedemütigt, angeekelt, beleidigt oder einfach nur unwohl und belästigt fühlst, dann hast du **verschiedene Möglichkeiten darauf zu reagieren**. Eins vorab, der Gesetzgeber regelt das sehr eindeutig und vor allem streng, doch eine **Anzeige bei der Polizei** sollte dein letztes Mittel sein. Darum stellen wir dir jetzt einige Möglichkeiten vor, wie du reagieren kannst:

> Nehme **deine Empfindungen ernst** und werde dir klar, dass es sich um eine Belästigung handelt.

> **Suche dir Kollegen oder Freunde und rede mit ihnen darüber, was dir missfällt.** Erstens kannst du dir dann sicher sein, ob es sich wirklich um eine Belästigung handelt und zweitens, wenn mehrere Leute sich mit dir zusammen tun, dann ist deine Chance größer, dass der andere dein „Nein" wirklich versteht.

> Du musst **unmittelbar nach so einem derartigen Vorfall, dieses Verhalten energisch und deutlich zurückweisen**. Nett und freundlich bringt hier nichts, dass kann missverstanden werden. Wenn andere dabeistehen, dann auch **laut genug**, dass es die anderen mitbekommen.

> **Drohe mit einer Beschwerde an der übergeordneten Stelle und dass du den Vorfall öffentlich machen willst.**

> Du kannst auch etwas später reagieren, nur dann solltest du der betreffenden Person **schriftlich zu verstehen** geben, welche Konsequenzen eine Wiederholung haben könnte. Dabei bleibe **sachlich** und gehe **detailliert** auf den Vorfall ein. Entweder gibst du den Brief öffentlich vor anderen Kollegen oder du schickst den Brief **per Einschreiben mit Rückschein** zu. Auf alle Fälle solltest du dir eine Kopie behalten.

> Fertige **ein Zeitprotokoll** an. Ein Zeitprotokoll beinhaltet, die genauen Übergriffe mit Ort und Zeit sowie eventuellen Zeugen.

> Schalte **deinen Chef, die übergeordnete Stelle wie den Personalchef oder den Gleichstellungsbeauftragten** ein. Beschwerden sind von diesen Führungskräften genau zu prüfen und entsprechende Schritte zu unternehmen.

> In besonders harten Fällen kannst du mit **Leistungsverweigerung reagieren** und solltest du auf Grund der Vorfälle beispielsweise **gesundheitliche Schäden** (meist psychischer Art) davon tragen oder weil du nicht mehr arbeiten kannst, steht dir ein **Schadensersatz** zu. Vorrausetzung ist,

dass dein Arbeitgeber Kenntnis von den Vorkommnissen hat. Hole dir auf alle Fälle **vorher rechtlichen Rat** ein. Ein Rechtsanwalt hat wie ein Arzt eine **Schweigepflicht**, es kommt also nichts, was du nicht willst, aus dem Büro hinaus.

Wir haben dir ein paar **Urteile zu dieser Problematik** zusammengestellt:

- **Urteil 3 Sa 163/06**
  „Wer fummelt, fliegt fristlos"
- **Urteil 2 AZR 341/03**
  „Außerordentliche Kündigung wegen sexueller Belästigung am Arbeitsplatz"
- **Urteil 7 Sa 508/04**
  „Am Arbeitsplatz: Klaps auf den Po = sexuelle Belästigung"

Artikel zu diesen Themen kannst du hier finden:

- Sexuelle Belästigung am Arbeitsplatz; **monster.de**, 22.10.2007

- Sexuelle Belästigung: "Zur Sache, Schätzchen"; **FOCUS Online**, 02.08.2007

- AGG-Stichwort: Sexuelle Belästigung am Arbeitsplatz; **ver.di b+b**, Februar 2007

- Job & Recht: Sexuelle Belästigung am Arbeitsplatz; **Verlag für die Deutsche Wirtschaft**, 17.01.2007

- Sexuelle Belästigung am Arbeitsplatz: Vorsätzliche Verletzung des "Sicherheitsabstands" kann fristlose Kündigung rechtfertigen; **anwalt24.de**, 13.01.2007

- Wer fummelt, fliegt fristlos; **FOCUS Online**, 04.01.2007

- Praktische Verhaltensregeln zur Bekämpfung von sexueller Belästigung am Arbeitsplatz; **Tätigkeitsbereiche der Europäischen Union**, 28.06.2005

- Sexuelle Belästigung am Arbeitsplatz nicht verschweigen; **JOBBER**, 28.04.2003

- Sexuelle Belästigung am Arbeitsplatz; **FrauenNotruf e.V.**

- Sexuelle Belästigung am Arbeitsplatz - immer noch ein Tabuthema? **Jobware**, 15.07.2002

- Sexuelle Belästigung ist Diskriminierung; **3sat.online**, 18.04.2002

Adressen, an welche du dich wenden kannst:

- Mit mir NICHT!
  Bundesministerium für Familie, Senioren, Frauen und Jugend

- Bundesverband Frauenberatungsstellen und Frauennotrufe

- FrauenNotruf e.V. Wuppertal

- Sexuelle Belästigung am Arbeitsplatz; Frauen im Netz

- Bundesminististerium für Familie, Senioren, Frauen und Jugend

- Selbstschutz-Fibel

- Arbeitsrecht online

Tipp: Junge Frauen ergreifen immer häufiger **„Männerberufe"**. Einigen Herren der Schöpfung fällt es mitunter schwer, diesen Einbruch ihre Domäne zu akzeptieren, geschweige denn zu respektieren. So wirst du dich mit frauenfeindlichen Witzen konfrontiert sehen sowie den üblichen Pin up Girls. **Drehe doch den Spieß um**, erzähle ein paar hässliche Witze über dumme Männer und bald dürfte es auch der sturste Kollege verstanden haben - diese Art Witze verbittest du dir.

Tipp: Die **Pin up Girls** in Werkstätten und Umkleidekabinen scheinen ein männliches Muss in einer Werkstatt zu sein, also hänge deinen eigenen Kalender auf, es gibt wunderbare Posterkalender mit perfekten Männerbodys drauf, die sehr subtil diese

Herren in die Schranken weisen. Du siehst, es kann auch Spaß machen, anderen einen Spiegel vorzuhalten.

Tipp: Viele Frauen, aber auch immer mehr Männer müssen sich den **Klaps auf den Po** gefallen lassen. Das muss man natürlich nicht! Sehr **wirkungsvoll** kann hier unsere „**Spiegelmethode**" sein. Kehre einfach das Ganze um und kneife mal deinen Peiniger in den Po. Spätestens wenn du fragst, ob demjenigen das gefällt (oder du ein paar andere findest, die da mitmachen), hört er oder sie bestimmt auf.

Tipp: Manchmal kann es ja tatsächlich passieren, dass dich jemand **unabsichtlich intim berührt** oder dich durch Worte verletzt. Das einfachste, um festzustellen, ob das Absicht war oder nicht, ist ein kleines Wort. „**Entschuldigung**" sagt dir jemand nur, wenn er es wirklich nicht wollte.

10 Tipps gegen sexuelle Belästigung

Hier **zehn Tipps** für dich, wie du dich gegen Mobbing oder sexuelle Belästigung wehren kannst:

1. Stelle möglichst sofort klar: „**Damit bist du zu weit gegangen. Das will ich nicht!**" Bei allen Übergriffen gilt nämlich eins, je länger du sie duldest, umso schwieriger wird es diese zu unterbinden.

2. **Wehre dich körperlich, wenn du körperlich angegriffen wirst**, also auch beim Angrapschen. Eine Ohrfeige oder das Wegschlagen eines umarmenden Arms kann mitunter sehr effektvoll sein.

3. Merke dir **folgende Sätze**, sie können sehr **hilfreich** sein.
   „Hören Sie auf!"
   „Ich will das nicht."
   „Stopp! Das lasse ich mir nicht gefallen."
   „Das geht sie nichts an!"
   „Fragen zu meinem Privatleben muss ich Ihnen nicht beantworten."
   „Sie haben grade eine Grenze überschritten. Ich habe keine Angst, Ihr Verhalten öffentlich zu machen."

4. **Selbstbewusstsein ist ein wirksamer Schutz vor irgendwelchen Belästigungen**. Wer selbstbewusst auftritt, wird nachweislich weniger belästigt, denn wenn man Kontra bekommt, wird das Belästigen langweilig. Selbstbewusst aufzutreten kann man durchaus lernen. In jeder Stadt gibt es dafür Kurse. Hier eine kleine Übung für dich: Fertige doch mal eine Liste an, mit den Eigenschaften, die du als deine Stärken einschätzt. Stelle dir die Fragen:
   Was mag ich an mir?
   Was kann ich gut?
   Worauf bin ich stolz?

Frage deine Freunde, wie sie dich sehen und was sie meinen, was deine Stärken sind. Schreibe das auf und kopiere diese Liste. Dann hängst du sie dir überall auf, zum Beispiel am Schrank, am Kühlschrank, am Spiegel im Bad. Überall, wo du sie sehen kannst. Und immer wenn du daran vorbei kommst, lies darauf nach. Du wirst merken, nach zwei bis drei Wochen beginnst du dich ganz anders wahrzunehmen und aufzutreten.

5. Auch wenn du nach einer Beleidigung erst einmal Luft holen musst, **laufe nicht weg**. Hole tief Luft, sammle dich kurz und dann verbitte dir dieses Benehmen.

6. Oder du schreibst der Person einen **sachlichen Brief**, benennst den Vorfall und forderst denjenigen auf, in Zukunft so etwas zu unterlassen. Hebe dir unbedingt eine Kopie auf, <u>nach dem dritten Vorfall spätestens</u> musst du deinem Vorgesetzten nämlich eine Mitteilung über die Vorfälle machen und dann macht sich so ein schriftlicher Beweis recht gut.

7. **Schaffe dir Verbündete**, so kannst du einfacherer diese Machtspielchen ausbremsen. Willst du die Person, die dich belästigt, zur Rede stellen, so ist es vorteilhafter, wenn dir jemand den Rücken stärkt.

8. Schreibe alle Vorkommnisse in einem **Tagebuch** auf. So etwas lässt sich gut als Beweis verwenden und du kannst dir beim Lesen über einige Dinge klar werden. Zum Beispiel, wann hat alles wie angefangen.

9. **Sprich mit anderen Azubis oder Kollegen über die Vorfälle.** Vielleicht haben andere das Gleiche erlebt und können dir helfen, damit umzugehen. Fazit: **Je mehr sich gegen so eine Person zusammentun, umso wirkungsvoller die Abwehr.**

10. **Beschwere dich bei einer Person deines Vertrauens**, nach Möglichkeit sollte sie im Rang höher als die Person sein, die dich beleidigt.

Warum ich?

Diese Frage stellen sich viele Opfer von sexueller Belästigung und versuchen dann ihren Kleidungsstil zu verändern oder sich noch unauffälliger zu benehmen. Doch genau das reizt den Peiniger noch mehr. Bei sexueller Belästigung geht es nicht allein um die sexuelle Komponente, sondern auch um das Gefühl von Macht, welches der andere ausübt.

Nicht selten stehen Machtposition und sexuelle Belästigung im engen Zusammenhang. Die Opfer sind in der Regel schüchterne oder von dem Peiniger in irgendeiner Weise abhängige Menschen,

72

denn dort ist die Gefahr am geringsten, dass es zu einer Gegenwehr kommt.

Nehmen wir ein aktuelles Beispiel, welches an uns heran getragen wurde. Wir halten die Angaben hier allgemein zum Schutz des Opfers. Ein Arzt belästigte seine Auszubildende nachweislich sexuell. Versuche wie hochgeschlossene Kleidung oder sich quasi unsichtbar machen, erzielten einen gegenteiligen Effekt. Die Übergriffe nahmen zu. Als sie versuchte, sich zaghaft zu wehren, setzte sie der Arzt mit massiven Kündigungsdrohungen unter Druck. Das junge Mädchen befindet sich heute in psychiatrischer Behandlung nach zwei Selbstmordversuchen und der Arzt wurde durch die nächste Auszubildende angezeigt.

Das Beispiel zeigt, dass die Art und Weise der Kleidung keine Rolle spielt. Opfer kannst du werden, befindest du dich in einer gewissen Abhängigkeit, wenn du dich nicht gleich von Anfang an wehrst oder ein mangelndes Selbstwertgefühl besitzt.

Cybersex – sexuelle Belästigungen im Internet

Leider betreffen sexuelle Belästigungen nicht nur den direkten Kontakt zwischen zwei Menschen, sondern auch in Chats und im Internet allgemein wird regelmäßig sexuell belästigt. Hier scheint die Hemmschwelle durch die Anonymität recht niedrig zu sein.

Die Belästigungen betreffen in der Regel hauptsächlich Frauen, doch auch Kinder sind in Chats und Forums wie Knuddels.de nicht mehr sicher. Fast jedes zweite Kind im Alter bis zu 13 Jahren wurde schon mindestens einmal sexuell belästigt im Internet, stellten jetzt alarmiert Kinder- und Jugendschützer fest.

Wenden wir uns also erst einmal den Belästigungen von Kindern zu. Wie solltest du dich als Elternteil verhalten, damit dein Kind im Internet sicher ist. Erst einmal ist ein Kinderschutz- Softwareprogramm empfehlenswert. Damit ist eine große Sicherheit gegeben, denn du legst fest, auf welchen Seiten dein Kind wie lange surfen darf.

Ist dein Kind in einem Alter, in welchem es gern mit anderen Kindern kommunizieren möchte per Chat, dann aktiviere die Chatprotokolle und kontrolliere diese regelmäßig. Rede mit deinem Kind, wie es sich bei dem Verdacht einer sexuellen Belästigung verhalten soll.

Hier bieten sich folgende Möglichkeiten an:

➢ Sofort den Eltern Bescheid sagen,

➢ Dem Provider den betreffenden User melden. Jeder Chat hat diese Einrichtung, dass Belästigungen mit einem Klick gemeldet werden können.

➢ Nicht auf Gespräche mit Fremden einlassen

➢ Notfalls die Person sperren lassen,

➢ Bei besonders massiven Belästigungen den Chat speichern, ausdrucken und bei der Polizei anzeigen. Mittlerweile hat die Polizei spezielle Abteilungen, die sich mit Internetkriminalität erfolgreich beschäftigen.

➢ Den Account schließen und auf einen neuen sowie sicheren Chat ausweichen.

Erkennen kannst du eine sexuelle Belästigung an:

➢ Der Aufforderung zu Nacktbildern deines Kindes

➢ Der Aufforderung zu geheimen Treffen mit einer erwachsenen Person

➢ Dem Zeigen von pornografischen Material

➢ Fragen nach sexuellen privaten Dingen des Kindes, dazu gehören auch die Fragen nach der Schambehaarung, den Brüsten, sexuellen Handlungen oder dem Anfassen bestimmter Körperregionen wie nach sexuellen Erfahrungen

➢ Das Zeigen von Nacktaufnahmen der betreffenden Person

Kinder reagieren oft sehr verstört auf solche Aktionen. Du erkennst es daran, das sich dein Kind eventuell zurückzieht, neue vulgäre Begriffe für sexuelle Dinge benutzt, gereizt ist, unglücklich wirkt oder gar weint. Einige Kinder meiden danach komplett den PC, andere Kinder sehen in den verbotenen Chats ein Geheimnis.

Das einzige Mittel, was dir Erfolg verspricht, ist eine gesunde und kind- wie altersgerechte Aufklärung über Sexualität bzw. die Gefahren im Internet. Eine offene und vertrauensvolle Atmosphäre zwischen dir und deinem Kind schafft den Raum für das notwendige Vertrauen, um sexueller Belästigung rechtzeitig einen Riegel vorzuschieben. Ermutige dein Kind „Nein" zu sagen, Chats zu unterbrechen und dass es mit einer Anzeige drohen darf.

Du wirst dein Kind nicht ganz vor einer sexuellen Belästigung im Internet schützen können, aber du kannst es so vor den Folgen schützen. Denn nicht selten bereiten über einen Chat pädophile Menschen den nächsten Schritt für einen tatsächlichen Übergriff vor.

„Cybersex – Helden"

Als „Cybersex-Helden" bezeichnen wir gern die Männer, die schon im zweiten Satz einer Unterhaltung sexuelle Anspielungen machen. Erschreckend ist, dass jede Frau, die sich vielleicht einfach nur nett unterhalten möchte, in der Art mindestens einmal belästigt wurde.

Klären wir doch erst einmal den Begriff „Cybersex".
Damit ist sehr allgemein der Sex über das Internet
innerhalb von Chats gemeint. Was die wenigsten
wissen, die solcher Art Sex praktizieren, es kann
einmal zu Impotenz bei normalen Sex führen und
unaufgeforderte sexuelle Handlungen gegenüber
jemanden Unbekannten können durchaus als
sexuelle Belästigung bei der Polizei angezeigt
werden.

Chats und Communitys wie Skype, ICQ oder MSN
sind traurige Spitzenreiter bei den sexuellen
Belästigungen. Zu 98 % sind die Gespräche nach
dem ersten Satz bereits auf sexuelle Fragen
angelegt, trotz der eindeutigen Hinweise im Profil,
dass Gespräche über Sex unerwünscht sind. Bilder
und Webcam- Aufnahmen von Masturbationen,
erigierten Gliedern und ähnlichem werden
unaufgefordert verschickt. Hier sind die
Möglichkeiten zum Melden von Belästigungen kaum
oder gar nicht vorhanden. Da es sich aber um die in
Deutschland größten Communitys handelt, wäre
hier ein Schutz von Seiten des Providers endlich
angeraten.

Schüchterne Menschen sind meistens schockiert
und brechen eine Suche nach interessanten
Gesprächspartnern spätestens nach der 10.
Belästigung ab. Doch auch stärkere
Persönlichkeiten erleben erst einmal einen
Schockmoment, wenn sie urplötzlich mit intimen
Webcam- Aufnahmen konfrontiert werden.

Sicherlich ist die Einstellung zur Sexualität heute eine andere und weitaus aufgeklärtere als noch vor 10 Jahren. Jedoch gibt es viele Menschen, die die Meinung vertreten, dass Sexualität eine Sache ist, die einer Aufforderung bedarf und mit Respekt zu behandeln ist. Die hier beschriebenen Vorgänge zeigen aber, dass es genau an diesen zwei Aspekten beim Cybersex fehlt.

Eins möchten wir an dieser Stelle noch einmal feststellen. Dieses Verhalten ist nicht allein typisch für Männer, auch immer mehr Frauen gehören zu den „Cybersex-Helden".

Das Wehren gegen solche unaufgeforderten sexuellen Aufdringlichkeiten kann sogar Spaß machen. Hier ein paar Vorschläge:

> Gib klar in deinem Profil an, was du dir von einem Gesprächspartner wünschst. Es muss eindeutig formuliert sein, damit die anständigen „Cybersex-Helden" dich von vorn herein in Ruhe lassen.

> Leider gibt es noch ganz hartnäckige Typen, die bei dem Erstkontakt nicht einmal fragen, ob solche Darstellungen willkommen sind, sondern sofort die Webcam anschalten und in Aktion gehen. Hier bietet sich eine ganz einfache Methode an. Frage deinen Gegenüber, wo sein Geschlechtsteil ist bzw. deute an, dass es so klein ist, so dass du es nicht erkennen kannst.

> Oder tue gelangweilt. Frage, ob er heute noch fertig wird oder vergleiche sein Glied mit einer gekochten Nudel. Zu 90 % hast du dann Ruhe.

> Hast du keine Lust auf eine deinerseits scherzhafte Abfuhr des Betreffenden, dann weise ihn darauf hin, dass er sich grade strafbar macht und bei einer Anzeige von dir wird er als Sexualstraftäter geführt. Das kühlt in der Regel auch den wildesten Exhibitionisten ab.

Sexuelle Nötigung

Wir haben uns überlegt, dass wir einen kurzen Abschnitt zur sexuellen Nötigung einfügen. Die sexuelle Nötigung ist ein strafrechtlicher Grenzfall zwischen der sexuellen Belästigung und einer Vergewaltigung.

Sexuelle Nötigung entsteht nicht nur durch die Androhung von Gewalt, sondern auch dann, wenn das Opfer annehmen muss, dass bei einer Verweigerung der sexuellen Handlungen ihm Repressalien welcher Art auch immer entstehen bzw. drohen könnten. Dadurch entsteht ein emotionaler Druck, welcher mit körperlicher Gewalt gleich gesetzt wird von dem Gesetzgeber.

Leider verkennen manche Autoritätspersonen diesen schmalen Grad, wenn sie sexuellen Kontakt zu den ihnen zugeordneten Klienten oder eventuell von ihnen abhängigen Personen aufnehmen. Dabei ist die Art und Weise der Abhängigkeit unrelevant.

Angenommen du bist ein Schuldner, hast einen Ratenvertrag und merkst, dass der Leiter des Inkassobüros sexuelles Interesse an dir hat. Du überlegst es dir in der Regel zweimal, ob du ein kategorisches „Nein" sagst. Denn du weißt nicht, wie dieser Leiter reagieren wird. Er hat die Macht, den Ratenvertrag aufzulösen oder bei weiteren Schulden nicht mehr so nett zu sein.

Doch nehmen wir einmal an, du bist der Leiter des Inkassobüros und bist sexuell an einer Klientin interessiert. Sie geht scheinbar bereitwillig darauf ein. Doch dann reagierst du in einer sie betreffenden Schuldner- Angelegenheit nicht so, wie sie sich das vorstellt und zeigt dich wegen sexueller Nötigung an.

Beide Beispiele beweisen, wie gefährlich besonders in einer bestehenden Abhängigkeit sexuelle Kontakte sein können.

Bei einem ernsthaften Interesse von beiden Seiten sollte die Autorität an einen Kollegen abgegeben werden oder das Abhängigkeitsverhältnis zumindest beseitigt werden, da sonst schnell der Verdacht einer sexuellen Nötigung aufkommen kann.

Wer meint, einer sexuellen Nötigung ausgesetzt zu sein, sollte sofort die Polizei oder eine Person des Vertrauens (Vorgesetzten, Personalleiter, usw.) einschalten.

Wir hoffen, wir konnten dir wichtige Hinweise geben und du hast nun das nötige Rüstzeug, um dich gegen Aufdringlichkeiten effektiv zu wehren. Bei Unsicherheiten wende dich an die Polizei oder einen Anwalt. Wir wünschen dir viel Erfolg.

Inhaltsverzeichnis: